AF309153

LA
COSMOPOLIE

OU LA

RÉPUBLIQUE UNIVERSELLE,

Par VUILMET.

BRUXELLES,

ALLIANCE TYPOGRAPHIQUE, M.-J. POOT ET COMPAGNIE,
Rue aux Choux, 37.

—

1869

LA COSMOPOLIE

ou

LA RÉPUBLIQUE UNIVERSELLE.

Amour et Fraternité.

Délos, petite île située à quelques kilomètres de Belleville, capitale de la *Cosmopolie,* est l'une des plus belles et des plus opulentes colonies de la république; sa proximité de la grande ville, ses sites, sa fertilité, aussi bien que les causes qui l'ont produite, en ont fait le point du globe le plus pittoresque et le plus intéressant.

Aussi, ce petit *Éden* est-il devenu un sujet continuel de va et vient de savants et de curieux, de toutes langues et de tous pays. Au milieu d'une forêt de cactus, de résédas et de liserons tricolores, mille objets épars; d'innombrables débris de toute nature et d'instruments divers y sont entassés, confondus pêle-mêle et ensevelis sous des monceaux de pierres grisâtres, mousseuses et à demi calcinées; ce sont les vestiges d'un grand et beau village qui, naguère encore, le rendez-vous choisi du citadin, n'est plus que de souvenir.

Parmi ces ruines, sur une façade restée debout, on y lit encore l'inscription suivante :

Aux citoyens N. J. V. M. E.,
Soldats de la liberté,
Victimes des grands jours et vainqueurs du dernier
des rois,
La république reconnaissante.
26 messidor, an XC.

Puis, entre parenthèse, placés immédiatement au-dessous :

18 juillet 18..

Les derniers chiffres ont été maculés ou détruits en même temps que le corps de bâtiment.

Là, vivait une famille dont le nom est devenu célèbre. Française d'origine, gauloise par caractère, animée du même esprit d'indépendance et de liberté, une goutte du vieux sang celtique circulait dans ses veines.

Sentinelle avancée de la démocratie, l'histoire impartiale répétera, longtemps encore, ses luttes, ses succès et ses malheurs.

Que l'on se représente un vieillard septuagénaire, être mystique s'il en fut, son petit-fils Victor, sa petite bru Victoria, tous deux touchant à peine leurs vingt ans, et deux arrière-petits-enfants encore au berceau; et l'on aura en perspective les derniers rejetons de cette antique race dont nous entreprenons d'écrire l'histoire.

Bien que ce bon vieillard fut connu un peu partout, on l'appelait communément, et par abréviation sans doute, père Colas.

Naguère encore chef d'une nombreuse descendance, il ne lui restait dans ces derniers temps que les quatre petits et arrière-petits-enfants dont il vient d'être parlé; son fils Jacques, en qui le goût des aventures semblait inné, s'était embarqué depuis longtemps déjà à bord de *la Gauloise*, dans l'intention bien arrêtée de faire le tour du nouveau monde, sans même en excepter les pôles qu'il voulait reconnaître à tout prix; et, depuis lors, l'on n'en avait plus entendu parler; ce qui avait déterminé son père à quitter Belleville pour se retirer dans sa villa, d'où il sortait rarement.

Victor vivait donc sous la tutelle de son aïeul dont il faisait la consolation, enfant choyé, objet des soins les plus tendres, il put si jeune encore, pour un instant, oublier qu'il avait perdu le meilleur des pères et goûter le bonheur d'une union à laquelle son cœur avait seul part.

Victoria, dont les parents, intimement liés à ceux de Victor, avaient péri victimes de la grande catastrophe dont nous aurons à parler plus tard, avait été adoptée par père Colas, et comme telle placée au nombre des enfants de la maison où elle avait grandi, côte à côte, avec celui qui devait être un jour son époux.

Mêmes conditions, mêmes joies, même amour, à quel signe la pauvre enfant eût-elle connu qu'elle n'était pas chez elle? Cependant, il était alors peu de familles qui ne fussent en deuil, comme il en était peu qui n'eussent leurs enfants d'adoption.

Élevés au même foyer, dirigés par un même doigt, imbus des mêmes principes, ces jeunes gens s'étaient liés de la plus étroite amitié; et s'ils ne se quittaient jamais, jamais non plus ils ne se contredisaient : ce que l'un faisait, l'autre le trouvait bon.

Amour candide et sympathique de la jeunesse, que ton joug est doux, que tes abords ont de charmes; quand· l'amour folâtre, au contraire, fait naître tant d'amers regrets dans les cœurs qu'il touche : c'est que le bonheur qui accompagne l'innocence meurt avec elle.

Un instinct secret parlait à leurs cœurs, une voix cachée leur disait : Vous êtes nés l'un pour l'autre, et ils étaient frères !

Cette pensée leur faisait maudire les lois humaines qui s'opposaient à leurs desseins.

Un jour que l'amoureux couple reposait à l'ombre des grands arbres qui couvrent le rivage, Victoria, penchée sur le sein brûlant de son amant, énivrée de bonheur et comme emportée dans un ravissement extatique: O, mon Dieu ! s'écria-t-elle, encore si nous avions vécu dans ces temps où le frère pouvait sans honte aimer sa sœur !

— Victoria, Victoria ! reprit vivement Victor, n'as-tu jamais lu *Paul et Virginie?*

Bien que l'idée qu'avait voulu exprimer Victor ne

put être prise au sérieux par Victoria, la question lui avait été posée d'une manière si ingénue et venait si à propos, qu'on eût dit qu'un trait de lumière avait passé sur son visage, sur lequel se peignit un sourire ineffable, ses yeux brillèrent comme des éclairs, tout son corps tressaillit.

Mais, songeant que peut-être elle avait jeté trop légèrement aux vents les secrets de son cœur, une couleur pourpre couvrit l'incarnat de ses joues, et, s'étant levée, elle s'éloigna tout en se reprochant d'avoir trop aimé, tandis que Victor resta sans mouvement et comme s'il eût été pétrifié.

Tant de témoignages de leur commune affection n'avaient point échappé à l'œil perçant du père, qui se gardait bien de contrarier des desseins dont il se félicitait en secret.

Entre dire et faire.

Lorsque nous n'y serions pas conduit par le récit même que nous avons entrepris, pour nous ce serait une véritable lacune si nous ne disions un mot en passant d'un des plus vastes ateliers que le monde civilisé ait jamais offert en spectacle à la curiosité publique, et qui forme à lui seul une des plus belles rues de la cité (Voortgang straat).

Quiconque n'a pas encore visité Belleville, y sera par cela même attiré et restera émerveillé devant cette longue suite de bâtiments de même forme et de même dimension, disparaissant huit heures du jour au milieu des vapeurs blanches et noires que vomissent une forêt de cheminées tirantes; et combien plus encore s'il se hasarde à l'intérieur où quantités de machines fixes et d'instruments mécaniques étonnent, fascinent, effraient, tant par leur beauté, la précision de leurs mouvements et les travaux qu'elles sont appelées à exécuter, que par le bruit assourdissant qu'elles répercutent.

C'est de là que sortent chaque jour les millions de journaux et d'écrits périodiques ou quotidiens que Belleville déverse sur toute l'étendue de la Cosmopolie.

Il était alors dix heures du matin, plus de 250 mille ouvriers, en grande partie composés de femmes et d'enfants, défilaient, comme une immense procession, devant une statue de bronze qui, placée en face même des ateliers, semblait leur sourire; celle de l'immortel inventeur des caractères et de l'imprimerie : *Jean Gutenberg.*

Tout à coup les machines s'arrêtèrent, le bruit cessa et les portes, pour la plupart à doubles battants, se refermèrent les unes après les autres, une seule exceptée.

Dans l'enfoncement d'une partie du grand atelier, une jeune fille de la plus singulière beauté parcourait machinalement les colonnes d'un journal, récemment sorti des presses.

D'une stature exceptionnelle pour son âge et pour son sexe, forte et bien constituée, cette enfant semblait plutôt faite pour les travaux manuels que pour tout autre, et paraissait beaucoup plus dominée par l'instinct de la conservation qu'adonnée aux raisonnements intellectuels.

Sans vouloir nous arrêter ici pour énumérer ses vertus ou ses défauts, nous dirons que, bien qu'elle ait reçu une éducation toute républicaine, elle se fût cependant laissée facilement entraîner vers un courant d'idées contraires pour suivre celui qu'elle eût aimé.

Souvent contrariante et même parfois blessante, elle ne tardait cependant pas à reconnaître ses torts et se prenait à pleurer ; ce qui ne l'empêchait pas de recommencer plus tard.

Victoria, puisqu'il faut l'appeler par son nom, était en ce moment bien éloignée, du moins en esprit, du journal qu'elle tenait en mains.

De temps à autre, elle levait les yeux sur le correcteur auquel elle eût voulu adresser la parole, mais qu'elle craignait de contrarier.

Il ne tardait pas moins à ce dernier de terminer son travail, pour se donner tout entier à celle qu'il aimait.

Victoria, que la lecture de quelques lignes venait d'éclairer sur les tendances de Victor :

Mon frère, lui dit-elle en l'interrompant, tu songes toujours à ce fatal voyage ?

— Je compte bien, répondit-il, en rendre compte dans un de nos prochains numéros.

Il rédigeait un journal mensuel ayant pour titre *Le Cosmos.*

— Frère, reprit Victoria, je conçois ton amour pour le progrès et la liberté, mais quel intérêt peut te guider vers ces contrées lointaines et glacées ?

— L'intérêt de la science et de la fortune publique, petite sœur; c'est par la science que les sociétés vivent et grandissent; où elle fait défaut, il n'y a que barbarie, sauvagerie et misère.

— Le monde pourrait y gagner peut-être, mais toi?

— L'intérêt de tous est celui de chacun, et réciproquement.

— Il fut un temps où j'aurais compris d'aussi grands sacrifices, par exemple pour venir en aide à la veuve, à l'orphelin, ou enfin à ceux auxquels la nature a refusé ses dons précieux; mais grâce à nos lois protectrices, nul n'a à redouter ces misères d'un autre temps.

— Petite sœur, répondit Victor en souriant, les voyages procurent aussi le plaisir de raconter ce que l'on a vu ou entendu, et les relations du voyageur font quelquefois passer son nom à la postérité. *L'immortalité,* ajouta-t-il avec enthousiasme, pour avoir rendu quelques services au monde! Quel sentiment d'orgueil et de supériorité quand tant de fous et de scélérats l'ont conquise, les uns en s'abîmant au fond des volcans ou des précipices; les autres en prêchant des banalités, de pieux mensonges ou d'hypocrites consolations; et quand tant de sabreurs et de bouchers de campagnes ne l'ont acquise qu'au prix du sang et de la liberté des peuples !

— Frère, fit Victoria d'un ton maussade, qu'est-il besoin de courir le monde pour chercher le bonheur quand on peut l'avoir chez soi?

— De même que Hatteras voulut le premier planter le drapeau monarchique au pôle nord, je brûle de planter celui de la république au pôle sud !

— Toujours en lutte contre les éléments : depuis les îles Scandinaves jusqu'au pied de l'Atlas, et depuis la mer des Cordillières jusqu'au grand Océan indien (1), vingt fois déjà tu as risqué ta vie, et tu veux encore affronter de nouveaux périls; tu parles de science, frère, mais la science est la fille de l'expérience, et ne s'acquière ni dans un jour, ni dans la vie d'un homme; malgré tout ce que tu puisses faire, ce ne sera jamais qu'un point au milieu de l'immensité.

(1) Prenant alors le globe sous sa nouvelle forme.

— Ce qu'un seul ne peut faire, dix, cent, mille le feront, petite sœur ; si l'on additionne les produits résultant des recherches et des découvertes de chacun en particulier, l'on aura en somme la généralité des faits produits par tous, d'où résulte le bien-être général.

— Songer à la grande famille, c'est bien ; mais ne pas oublier la petite n'est pas non plus un mal. Pourrais-tu quitter sans regrets ce pauvre vieux, dont la vie n'a été qu'un sacrifice, et qui demain peut-être va réclamer des soins que tu envies de lui donner ? Pourrais-tu laisser derrière toi une sœur dont l'existence est tellement liée à la tienne que l'une ne peut finir sans l'autre ? Et tu ne t'effraies pas en songeant que c'est cette même vie errante qui a perdu ton père et le mien ?

— En me vouant au service de l'humanité, reprit Victor, je n'ai point pour cela, ni ne puis oublier aucun des miens, et moins encore notre malheureux père.

Or, comme rien ne prouve qu'il ait péri, il ne peut être retenu qu'au delà des frontières fédérales, c'est-à-dire vers les cercles polaires, où j'espère bientôt le revoir.

Il aura voulu reconnaître cette latitude, ou bien il y aura été jeté par les flots; j'en suis tellement convaincu que je jure de ne m'arrêter que le jour où je pourrai presser ses mains dans les miennes, le ramener et vous dire : le voici !

— Frère, reprit à son tour Victoria après un moment de silence, comme toi, j'aime à le croire, notre père vit encore; il nous cherche et nous pleure peut-être, s'il n'est pas esclave ou à l'engrais, ajouta-t-elle, en fondant en larmes, oh ! c'est à devenir folle. Moi aussi je veux partir : s'il est des obstacles qui s'opposent à son retour, c'est à nous de les briser; s'il est des périls à courir, je veux les braver avec toi !

— Sœur, reprit de nouveau Victor en portant à ses lèvres la main blanche de Victoria, tu veux venir, je ne m'y oppose pas; cependant, je serais heureux de te savoir auprès de notre bon père...

— Demandons-lui son consentement, interrompit Victoria, il est si bon, et puis il nous aime tant que, j'en suis sûre, il ne nous refusera pas...

Victor voulant faire diversion et couper court à cet entretien :

— A propos petite sœur, dit-il en lui passant son épreuve, voici l'entrefilet que je vais servir aujourd'hui aux lecteurs du *Cosmos*.

Victoria lut ce qui suit :

« Sous le rapport dé quelques voyageurs, la *Péricinie*, vaste continent, situé au-delà des mers du Sud, offrirait à première vue un coup d'œil enchanteur, et présenterait un panoráma des plus ravissants : Ce pays serait, disent-ils, sillonné de toutes parts par des chaînes de montagnes que la transparence, la conformité et les coupes feraient ressembler à un groupe de villas, dont les habitations ou plutôt les édifices seraient de purs cristaux (ce qui ne peut-être que l'effet de quelque mirage; puisque, d'après d'autres voyageurs, les hauteurs sont complètement dépourvues d'habitants), tandis que le plat pays serait littéralement couvert des plus riches moissons et parsemé de villes grandes et bien peuplées; et ils ajoutent que, contrairement à ses antipodes, un contraste sans exemple s'y fait rémarquer dans l'organisation des êtres.

« Au lieu d'un peuple de pygmées, comme il en existe dans le nord de l'Europe et de l'Amérique, l'imagination des touristes y a placé un peuple de géants sans égaux, auprès desquels les Patagons, leurs descendants probables, ne seraient que des nains; peuple insolite, s'il en est, ayant aussi des mœurs et des habitudes diamétralement opposées à celle des races hyperboréennes. D'un tempéramment de fer, et distillant pour ainsi dire un sang de reptile dont le but naturel aurait été de le prémunir contre les effets d'une température de 80° et plus au-dessous de zéro.

« D'autres encore ont été plus loin, et dans les idées étroites qui les dominent, ils n'ont point hésité à en faire la demeure des dieux, pour lesquels il n'est ni chaud ni froid, ni aucun besoin matériel à satisfaire; et qui auráient crû bon de placer leur sanctuaire où les hommes ne peuvent ni les approcher, ni les juger.

Il est vrai que le chemin du ciel nous a toujours été figuré comme étant fort étroit et semé d'épines par ceux qui l'exploitent, quoiqu'ils sachent fort bien pour leur part, laisser les voies épineuses aux pénitents, et prendre des chemins bordés de fleurs.

D'autres enfin, et ce sont leurs récits qui nous

paraissent les plus vraisemblables, n'accordent à cet étrange pays, quoiqu'il en soit, que quelques misérables peuplades sans intelligence et presque sans vie qui, au lieu de palais de cristal, n'auraient d'autres demeures que des trous creusés dans la neige, bien plus propres à servir de refuge à des ours qu'à des hommes; n'ayant pour vêtement que les peaux froides de quelques monstres marins'; pour nourriture que le limon de la terre, quand le froid aidant ne leur fournit point quelques pitances plus répugnantes encore.

S'il y a dans tous ces contes peu de vraisemblance, il y a, à coup sûr, beaucoup d'exagération.

La Péricinie étant avant tout un pays mort pour l'humanité, encore qu'il y ait par delà les montagnes glacées un soleil plus doux et un climat plus tempéré, comme l'ont aussi prétendu quelques voyageurs, ce qui selon nous constitue une erreur des plus graves.

Qu'il y ait des mers onduleuses et franchissables, cela pourrait à la rigueur se concevoir, attendu que ce phénomène pourrait être attribué à des cau·

ses naturelles, par exemple, à quelques foyers volcaniques sous marins.

Mais qu'un seul brin d'herbe puisse germer et
grandir où la lumière fait défaut pendant trois mois
consécutifs de l'année, où le reste du temps le
soleil n'envoit que des rayons obliques et presque
horizontaux, à travers des brumes épaisses et impé-
nétrables, cela n'est pas admissible. »

— Le désir d'approfondir la vérité dont beaucoup
font si peu de cas; et comme le fils d'Ulysse, l'espoir de retrouver mon père : tel est le mobile qui
me fait agir, dit-il, avec un accent et une énergie
qui témoignaient de sa pleine confiance dans le succès de ces recherches.

Si l'entreprise de Victor nous apparaît ici comme
une seconde édition de celle du capitaine Hatteras,
elle n'en est pas moins doublée de périls et de diffi-
cultés, en ce sens que les mers du Sud sont beaucoup plus froides, plus profondes et par conséquent
plus dépourvues de point d'appui que les mers du
Nord; en effet, ces dernières sont pour ainsi dire
couvertes d'ilots plus ou moins étendus et plus ou
moins rapprochés du pôle arctique, tandis que des

îles de glace, et par conséquent sans consistance, peuplent seules le pôle antarctique.

Doit-on en conclure pour cela que l'entreprise ne puisse réusssir?

Si nos moyens de locomotions ne nous paraissent suffisamment développés, il n'en est plus de même pour un cosmopolien, qui est à nous ce que nous sommes à l'égard de nos ancêtres, ce qu'un Européen est à l'égard d'un Chinois et même d'un Caffre.

En supposant que l'un de nos aïeux, mort depuis deux siècles, puisse revivre quelques temps parmi nous, et qu'un beau matin, soit à Bruxelles par exemple; l'un de ses arrière petits-fils vienne lui faire part qu'une dépêche datée de Lyon, quelques minutes plus tôt, le demande à Paris le jour même, il répondrait sans aucun doute: (Ik verstaet niet) je ne te comprends point, et il serait tenté de croire à quelque dérangement mental dans les organes de sa progéniture; cependant ceci n'a rien qui ne nous paraisse fort naturel, et le plus lourd paysan même se l'explique assez bien.

Une tentative de suicide.

Nous croyons devoir en passant nous arrêter à quelques détails sans lesquels nous ne serions que peu ou pas compris.

Que l'on se représente une île ayant à peine quelques kilomètres de circuit, taillée en pente douce, au midi vers la haute mer, mais offrant peu à peu à mesure que l'on avance dans l'intérieur de petites éminences plus ou moins accentuées, formant autant de gradins; au centre une immense colonne de roche fendillée et presque vitrifiée, s'élevant en ligne quasi perpendiculaire, dont la tête va se perdre dans les nues;

C'est au pied même de cette roche que père Colas avait établi sa demeure; c'est aussi l'une des plus belles vues, et la partie la plus fertile de l'île, d'où lui est venu le nom d'Eden.

Cette terre, qui tenait d'abord au nouveau continent auquel elle communique encore au moyen d'un pont en fil de fer, en a été séparée tant par suite des secousses volcaniques que par le battement des vagues.

De loin, l'on prendrait presque Délos pour un immense navire à l'ancre, dont le principal mât y est représenté par la colonne granitique.

Dès les premiers jours de la république, père Colas, qui l'avait acquise par voie du sort, s'y était fixé de la manière que nous avons vue, et comme naguère le vainqueur de Marsala, il y vivait en cultivant le sol de ses propres mains.

En face du rivage, non loin de la maison sur laquelle nous nous réservons de donner quelques détails de circonstance: en supperposant et en arrangeant d'une manière symétrique des blocs de cristaux et des coquillages, père Colas avait construit une sorte de grotte où il allait quelquefois se reposer et rêver pendant les grandes chaleurs.

Cette grotte était divisée en deux parties, dont une seule connue des profanes, avait entrée du côté du rivage, et servait de vestibule à la seconde dont elle était séparée par une cloison en pierres minces et schisteuses dans laquelle il avait pratiqué une ouverture dissimulée derrière une autre cloison, en planches, fraîchement tapissée; le tout recouvert d'une terrasse autour de laquelle s'était fixée toute une famille de plantes parasites.

Un souterrain partant de la maison se prolongeait jusqu'à cette dernière partie de la grotte transformée en lieu funéraire que pour cette raison on appelait le champ d'adieu; un kiosque composé de briques, de laves et de branches entrelacées, surmonté d'un tapis de lianes de différentes espèces, en formait la couronne.

Une nuit sombre et ténébreuse planait sur l'île qu'elle enveloppait comme dans un linceuil : pas une voix, pas le plus petit vent, enfin le silence le plus absolu; on eut dit que cette belle et féconde nature était morte ou endormie; cependant au milieu de ces ténèbres et dans la direction du kiosque, une lumière pâle projetait quelques rayons à travers les vitres et les rameaux épanouis des lianes.

Un simple coup d'œil jeté autour de soi suffira pour inventorier les objets qui meublent cette rotonde.

Sur le fond blanc des parois internes, quelques cartes géographiques et comparatives du globe, autant de photographies de famille, une glace et une petite bibliothèque; au-dessus de la porte, sur une boiserie formant saillie, diverses espèces d'oiseaux- dans une volière ayant ouverture sur le jardin; enfin, au milieu de cette pièce éclairée par la lumière blafarde d'un candélabre: un fauteuil, quelques chaises, puis une table devant laquelle Victoria était assise.

Une forte chevelure blonde encadrant son visage frais et rosé contournait en larges bandeaux sur ses tempes pour aller ensuite se confondre dans une résille de perles nacrées, d'où s'échappaient deux longues boucles en tire-bouchons, retombant jusque sur ses épaules nues et blanches; un nez légèrement aquilin séparant deux beaux yeux bleus, voilés par de longs cils et arqués par des sourcils de même couleur, une petite bouche dont les lèvres vermeilles et entrouvertes laissaient percer l'émail de ses dents: tel était en substance le portrait de cette nouvelle Grâce.

Une robe de soie noire, ondulant sur ses genoux, retombait avec ampleur sur ses petits pieds qu'emboîtaient une paire de bottines en maroquin, et était serrée à sa taille par une ceinture, dont les franges floconneuses et argentées serpentaient en se déroulant sur le côté gauche. Une mantille de gaze légère et transparente dérobait à peine la rondeur de ses seins et les palpitations de son cœur; une paire de bracelets, or et rubis, contournaient ses poignets et rivalisaient d'éclat avec les diamants d'une chevalière qu'elle portait à la main gauche; enfin, autour de son cou, un collier de corail auquel se rattachait une belle topaze formant médaillon et renfermant le portrait de sa mère. La tête appuyée sur la paume des mains, elle fixait des regards pensifs, tantôt sur les portraits et tantôt sur le médaillon qu'elle portait à ses lèvres; de longs soupirs s'échappaient de sa poitrine, et les larmes de cristal qui roulaient sur ses joues veloutées disaient combien son âme était agitée.

Aimant par-dessus tout, mais n'osant pas même se l'avouer, et par ce fait condamnée à l'isolement, la vie lui paraissait insupportable. S'étant relevée, elle marchait à grands pas en tournant sur elle-même, et tirant de son sein un petit stylet dont elle fit tourner la lame entre ses doigts longs et effilés :

— C'en est fait ! murmura-t-elle, ne pouvant être à lui, je ne serai jamais à personne !

Encore quelques secondes et c'en était fait de

cette belle existence si, sans qu'elle s'en aperçut, Victor ne se fut trouvé là pour arrêter sa main meurtrière prête à frapper.

Au même instant un craquement se fit entendre au dehors, la porte restée entr'ouverte se referma, les lumières s'éteignirent et les persiennes se déroulèrent; tout ceci s'était fait en moins de temps qu'il en faut pour le raconter. Nerveuse comme elle était, pareille surprise pouvait en maintes circonstances la surexciter, ce fut précisément le contraire. La présence de son ami avait suffi pour opérer ce miracle, et la gaîté enfantine reprenant son cours, elle passa successivement de la crainte à l'assurance, de la tristesse à la joie.

Après avoir échangé quelques douces paroles, Victor, qui voulait insensiblement ramener sa sœur à d'autres sentiments, fredonna d'abord quelques airs de sa composition, passa ensuite à la chansonnette, puis entonna l'hymne patriotique.

Victoria vaincue se mit à son tour au piano, dont elle savait si bien faire vibrer les touches, et qu'elle accompagna de son timbre de voix sonore et argentin.

Ils répétaient ensemble de l'immortelle héroïde,

la strophe : *Liberté, liberté chérie,* etc., quand le plancher s'ouvrant sous leurs pieds, ils virent apparaître la figure grandiose du bon père sortant d'une trappe, dont lui seul avait sans doute le secret.

Surpris dans leur entretien, ils avaient, sans le vouloir, dévoilé des secrets qu'il leur eut beaucoup coûté d'avouer et attendaient en silence l'explication de cette énigme : quand le vieillard s'avançant majestueusement vers eux, se laissa mollement retomber sur le fauteuil et leur fit signe de prendre place à ses côtés.

C'était un de ces hommes dont le temps peut à peine émousser l'écorce; corps vieux et usé, esprit jeune et lucide, formes athlétiques, regard imposant, front haut et chauve, cheveux frisés et grisonnants; et soit dit une fois en passant, un pantalon de drap noir avec gilet, dit à châle, sous lequel on voyait les plis d'une chemise garibaldienne, fermée par une épingle d'argent, en forme de fer à cheval, un paletot de velours bleuâtre et une cravate de soie couleur variée, composaient à peu près sa toilette de tous les jours.

Bien que le voyage projeté n'eut alors rien d'effrayant pour personne : le bon père se souciait fort peu d'exposer les derniers rejetons de sa race aux hasards qui l'avaient récemment privé d'un fils sur lequel il fondait tant d'espoir, et surtout qu'il nourrissait dans son esprit des projets qu'il lui tardait de mettre à exécution.

Moitié riant, moitié pleurant, il fixa d'abord des regards affectueux sur ses pupilles; puis ses traits se contractèrent et un sérieux imperturbable se manifesta sur son visage ridé et amaigri; tel, on l'eut pris pour un de ces juges au cœur de bronze dont Minos était le chef; mais, sous cette enveloppe desséchée, presque désorganisée, battait le plus noble des cœurs, étaient concentrés les plus généreux instincts. Et tous trois s'interrogeaient du regard, le vieillard prit la parole :

Mes chers enfants, dit-il, en pressant leurs mains dans les siennes, comme il n'est pas donné à l'homme de connaître sa fin, ne sachant d'où il vient, se connaissant à peine et ignorant aujourd'hui ce qu'il sera demain; le poids des années, augmentées par de longues souffrances me dit assez que je dois me tenir prêt, que d'un moment à l'autre la tombe peut s'entr'ouvrir sous mes pas et une nuit éternelle nous séparer.

Cette apparition presque fortuite du vieillard, son air grave, sa voix, ses gestes produisirent sur les jeunes gens l'effet d'une commotion électrique: leurs yeux se rencontrèrent de nouveau, leurs cœurs battirent avec force, mais l'inconnu pesait sur leur conscience, comme une roue sur la poitrine d'un patient.

Il y avait, dans ce préambule du père, quelque chose de mystérieux qui agitait leur âme et troublait leur raison.

— C'est pourquoi, mes chers enfants, continua-t-il, je désire vous entretenir des choses qui vous regardent; il est temps que vous sachiez ce que, jusqu'à ce jour, j'ai cru devoir vous cacher.

Victor et Victoria attendaient donc en silence et pleins d'anxiété la fin d'un épisode qui semblait leur faire espérer un bonheur nouveau.

C'est ainsi que la folle espérance frappe de ses ailes légères la demeure du malheureux pour lui faire aimer la vie; c'est ainsi qu'elle le pousse vers la tombe après laquelle il court de gaîté de cœur; à peine les premiers rayons du jour apparaissent-ils que déjà nous voudrions être le soir et du soir au matin.

Le bon père s'adressant à Victoria :

— Ma fille, lui dit-il, quoique je t'aie toujours qualifiée de ce doux nom qui plaît à mon cœur et dont je n'ai qu'à me glorifier : je dois t'avouer, cependant, que tu dois le jour à un autre père, et que ta mère ne fut point celle de Victor !

A ces mots, un éclair de joie illumina le visage de ce dernier ; connaissant la sollicitude paternelle de son aïeul et sachant combien il portait d'intérêt à celle qu'il aimait : il lui semblait qu'il ne tarderait point à voir couronner ses vœux, tandis que la timide Victoria, au contraire, reculait avec effroi.

Père Colas ne parut pas s'apercevoir de ces différentes impressions qui, pour lui, étaient toute une, et poursuivit :

— Révolutionnaire par tempérament, ton père s'est éteint comme tant d'autres en combattant pour l'émancipation et les droits de l'homme ; ta mère lui a peu survécu.

C'est en combattant, dis-je, pour cette cause trois

fois sainte, qu'ont péri la plupart des membres de ma famille et que j'ai serré pour la dernière fois les mains froides et glacées de ton père.

Or, c'est à moi, qui ai reçu ses derniers soupirs et ses derniers vœux, qu'il incombe de t'en dévoiler le secret; mais il faut que tu le saches bien vite, mon enfant, les maux qui ont pu résulter d'une révolution aussi bienveillante que terrible, ont été mille fois compensés par les résultats qu'elle a donnés et par le bien-être qu'elle enfante tous les jours.

Victoria, de plus en plus surprise, se demandait si elle ne rêvait pas; mais, lorsqu'elle vit dans le regard inflexible de son tuteur que ce serait se faire illusion de douter encore :

— O, mon Dieu! s'écria-t-elle, et une pâleur mortelle couvrit son visage, ses jambes fléchirent, et, s'affaissant sur elle-même, Victor eut à peine le temps d'ouvrir les bras pour la recevoir; elle étouffait; un peu d'air et l'aspiration de quelques sels la firent bientôt revenir à elle; merci, père, dit-elle, en entr'ouvrant les paupières, merci de tant de bienfaits.

Minuit sonnait à la grande horloge de Belleville;

Victoria, entièrement remise, se leva, prit les mains de son père adoptif, les couvrit de baisers et, légère comme le vent, elle disparut à travers la feuillée en murmurant quelques mots qui se perdirent dans l'espace. Victor, poussé par un courant contraire et emporté sur les ailes d'or des amours, faisait de vains efforts pour exprimer les pensées qui se précipitaient dans son esprit et balbutiait des paroles incohérentes qui venaient, tour à tour, expirer sur ses lèvres.

Tandis que le vieillard, comme l'aigle des cieux, ne voulant pas perdre un geste, suivit Victoria des yeux, tout en réfléchissant sur les conséquences de la scène précédente.

Le peu de joie qu'elle avait manifesté, apprenant qu'elle pouvait aimer celui pour qui elle voulait se sacrifier, le navrait.

Bien qu'il connut le caractère de sa pupille, il ne s'en rendait pas bien compte pour le moment.

C'est qu'elle avait aussi ses inquiétudes.

— Qui suis-je, monologuait-elle? D'où suis-je venue? Et pourquoi ai-je encore peur, ô mon père! quand je n'ai plus été ta fille?...

www.ingramcontent.com/pod-product-compliance
Ingram Content Group UK Ltd.
Pitfield, Milton Keynes, MK11 3LW, UK
UKHW021655090726
13657UKWH00004B/1987